Género Ficción realista

¿? Pregunta esencial

¿Qué trabajos se necesitan en una comunidad?

Un día divertido

Arlene Block
ilustrado por Jason Wolff

Capítulo 1
¡Qué divertido!

Hoy es un día muy divertido. Denise va al trabajo con su mamá. La mamá de Denise es la doctora Lida. Es médica de niños. Y Denise quiere ser médica cuando sea mayor.

—Muy bien, aquí es donde trabajo —dice la mamá—. Veamos qué te parece.

—¡Qué emoción, mami! —dice Denise.

Brand X Pictures/Punchstock

Capítulo 2
La sala de espera

Brand X Pictures/Punchstock

Denise y su mamá entran. Denise ve una sala donde hay sillas. Todo se ve como nuevo. Es la sala de espera. Todavía no hay nadie.

Ana Dolina está en la sala. Ana ayuda a la mamá de Denise. Atiende el teléfono y saluda a la gente que viene al doctor.

—Buenos días —dice Ana—. Hoy estaremos muy ocupados. Vienen muchos niños con sus papás.

Brand X Pictures/Punchstock

Capítulo 3
La sala de los niños

Brand X Pictures/Punchstock

Denise y su mamá van a otra sala. Allí está Edu, el enfermero.

—Edu revisa a los niños aquí, antes de que los vea yo —dice la mamá.

—¿Quieres ver lo que hago? —dice Edu—. Primero mido a los niños para ver si han crecido.

—¿Cuánto mido yo? —dice Denise—. ¡Veamos!

—Después escucho los latidos de su corazón —dice Edu—. ¡Tu corazón late muy bien!

Edu lleva a Denise a la sala donde está Adela.

—¿Qué es eso? —pregunta Denise.

—Es una máquina de rayos X —responde Adela—. Con ella tomo fotos. ¡Fotos de dentro de tu cuerpo!

Brand X Pictures/Punchstock

—Mira esta foto, Denise —dice Adela—. Es la foto de una pierna rota. Así tu mamá sabe dónde tiene que curarla.

Denise mira otras fotos de rayos X. Después va adonde está Ana.

Capítulo 4
¡Qué lío!

—¡Oh, no! —dice Denise—. ¡Se ha caído todo!

Denise ve unas cajas vacías y tiene una idea.

—Yo te ayudo, Ana —dice Denise—. Puedo poner todo en esas cajas.

Denise se pone a trabajar. Deja todo muy ordenado.

—Eres tan amable, Denise… —dice Ana—. ¡Espero que vengas otro día con tu mamá!

—¡Sí, ha sido un día muy divertido!

Brand X Pictures/Punchstock

Respuesta a la lectura

Volver a contar

Vuelve a contar los sucesos de *Un día divertido* con tus propias palabras.

Personaje	Ambiente	Sucesos

Evidencia en el texto

1. ¿Quién es la doctora Lida y dónde trabaja? Personaje, ambiente, sucesos

2. ¿Quiénes trabajan con la doctora Lida? ¿Qué hacen? Personaje, ambiente, sucesos

3. ¿Cómo sabes que *Un día divertido* es un cuento de ficción realista? Género

Género **No ficción**

Compara los textos

¿En qué se parece la enfermera de la escuela a una doctora?

La enfermera de la escuela

La enfermera de la escuela te ayuda cuando te enfermas o te lastimas. ¿Qué necesita la enfermera?

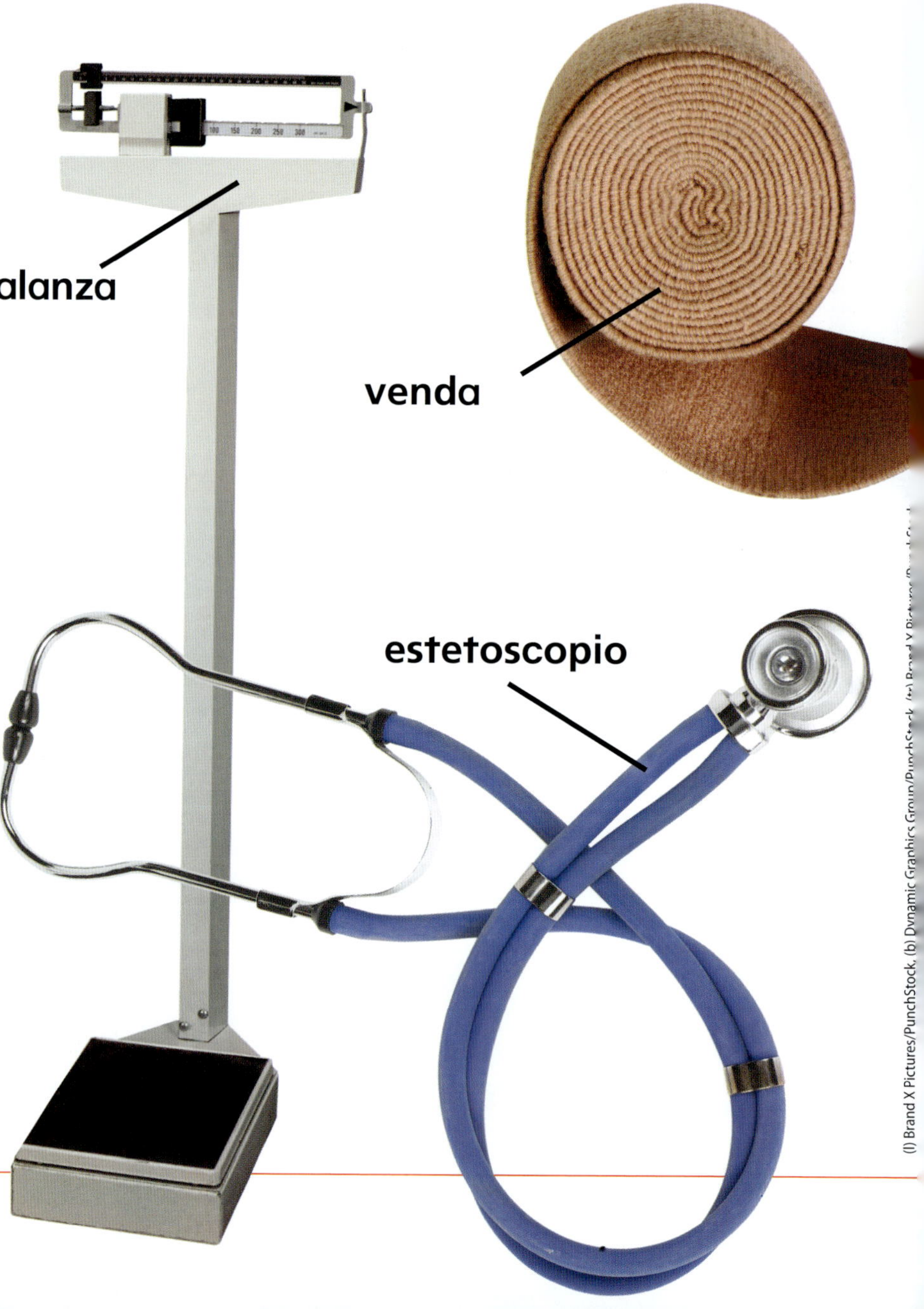

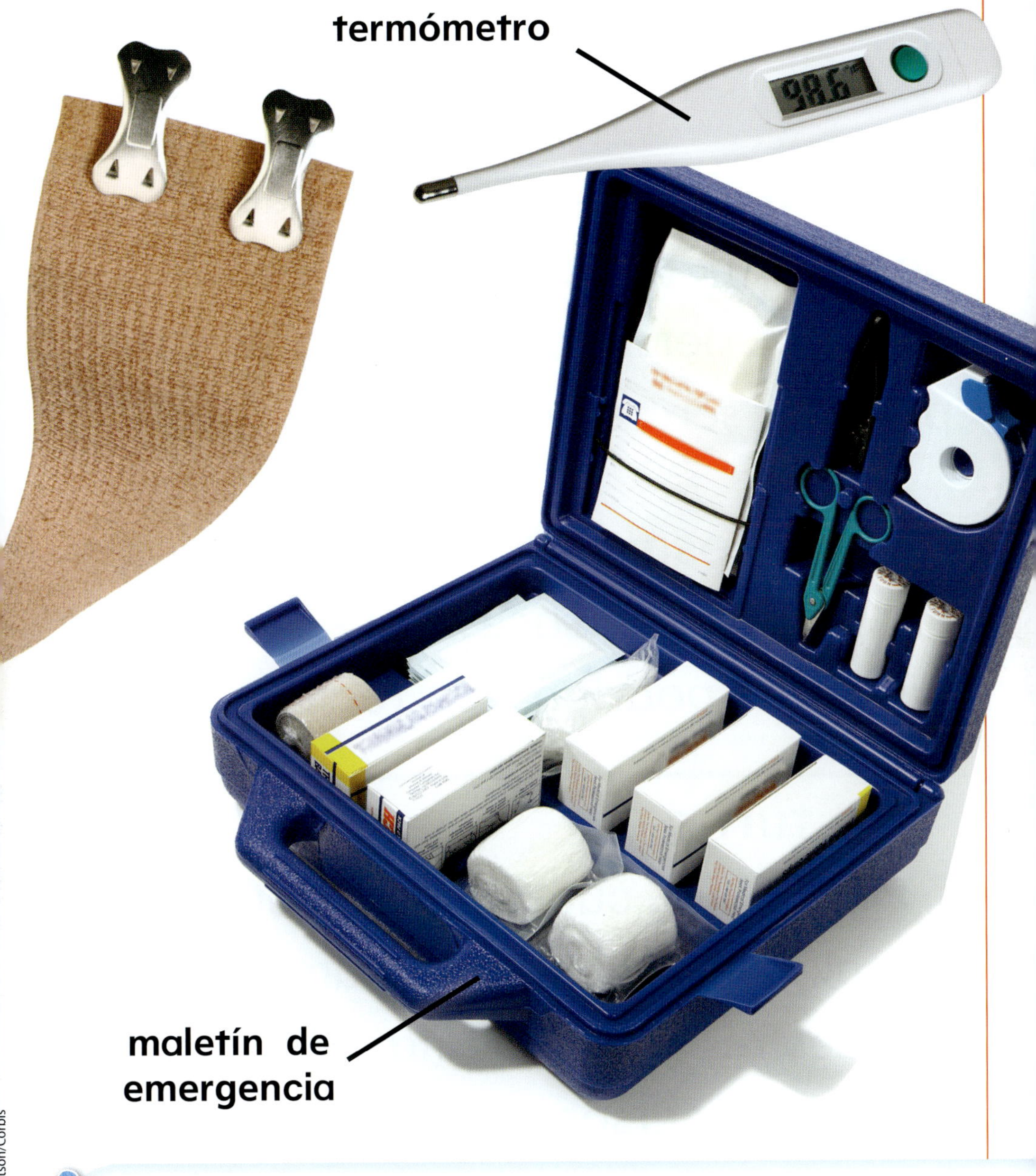

Haz conexiones

¿En qué se parece la enfermera de la escuela al enfermero de *Un día divertido*? **El texto y otros textos**

Enfoque:
Género

Ficción realista En un cuento de ficción realista aparecen sucesos, personajes y lugares que podrían ser reales.

Lee y descubre Los personajes, el lugar y los sucesos de *Un día divertido* podrían ser reales.

Tu turno

Planea un cuento de ficción realista. Haz un diagrama que muestre un esquema del cuento. Incluye personajes, ambiente y sucesos que podrían ser reales. Cuenta qué ocurre al principio, en el desarrollo y al final.